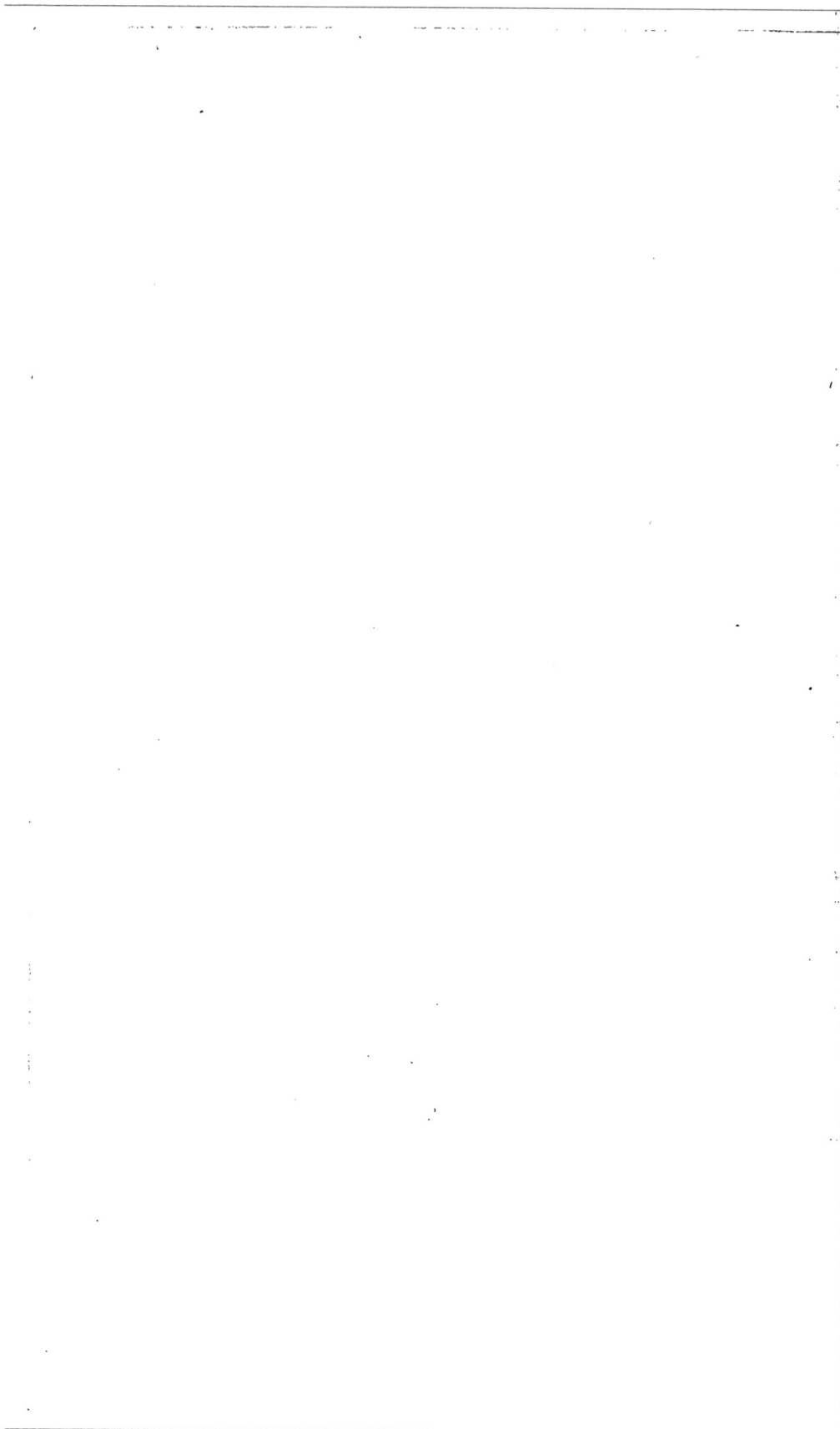

HISTORIQUE

DE LA

1ᴿᴱ LÉGION DU RHONE

LYON. — IMPRIMERIE PITRAT AINÉ, RUE GENTIL, 4.

HISTORIQUE

DE LA

1RE LÉGION DU RHONE

Son Organisation. — Les Opérations militaires
auxquelles elle a pris part
dans le département de la Côte-d'Or et à l'armée de l'Est

PAR

UN OFFICIER SUPÉRIEUR

DE LA 1re LÉGION DU RHONE

AVEC DES CARTES OU PLANS DES CHAMPS DE BATAILLE
DE CHATEAUNEUF ET DE NUITS

LYON

LIBRAIRIE DE CHARLES MÉRA

15, RUE DE LYON, 15
—
1871

PRÉFACE

Il vient de paraître plusieurs brochures qui traitent de quelques-unes de nos opérations militaires, dans le département de la Côte-d'Or et à l'armée de l'Est, pendant la dernière campagne.

Dans ces diverses opérations, la 1re Légion du Rhône a joué un rôle assez important.

Ces brochures paraissent avoir été écrites par des personnes insuffisamment renseignées, qui n'ont pas assisté aux affaires dont elles donnent le récit, ou par des personnes qui, pour une raison quelconque, semblent avoir trouvé avantage

1

et s'être plu à induire sciemment le public en erreur. Dans l'intérêt de la vérité et de l'histoire, comme dans celui de l'armée, on doit considérer comme un devoir de rectifier ces récits erronés et de rétablir les faits dans leur plus scrupuleuse exactitude. C'est ce sentiment qui nous a décidé à faire imprimer l'historique de la 1re Légion du Rhône, qui n'avait pas été écrit d'abord pour être livré à la publicité.

Ce n'est pas une relation complète que nous avons la prétention d'offrir au public, mais un compte rendu fidèle, sérieux, un rapport simple et précis, qui évite, autant que possible, de mettre les personnes en cause, et dans lequel nous exposons les faits, tels que nous les avons vus nous-même, laissant au lecteur le soin de déduire les conclusions.

Lyon, 1er octobre 1871.

HISTORIQUE

DE LA

1RE LÉGION DU RHONE

I

ORGANISATION ET FORMATION

La 1re Légion de marche du Rhône a été créée par un décret de la délégation du gouvernement de la Défense nationale, de Tours, en date du 1er octobre 1870.

Son organisation comportait :

Trois bataillons d'infanterie, à six compagnies de cent cinquante hommes ;

Une compagnie de génie ;

Une batterie d'artillerie, six pièces de 9, Armstrong ;

Quatre sous-officiers cavaliers-éclaireurs.

L'infanterie et le génie étaient armés avec des fusils Chassepot, de fabrication anglaise.

La Légion entière était recrutée parmi les gardes nationaux du département du Rhône, âgés de vingt-cinq à trente-cinq ans, et un certain nombre de volontaires de tous les départements, surtout des Alsaciens.

Elle a été commandée :

Du 5 octobre au 18 décembre, par le colonel Celler (auxiliaire), capitaine d'état-major ;

Du 18 décembre jusqu'au licenciement, par le colonel Valentin (auxiliaire), capitaine d'infanterie.

Les trois chefs de bataillon, les adjudants-majors et les officiers comptables étaient également des officiers en activité de service, détachés de l'armée régulière, par ordre du général commandant la 8e division militaire.

Les deux capitaines de la batterie d'artillerie, la plupart des capitaines et officiers des compagnies étaient d'anciens sous-officiers de l'armée ; mais, parmi les hommes de troupe, très-peu avaient servi.

L'organisation s'est faite à Lyon, sous l'active impulsion de M. Challemel-Lacour, préfet du Rhône, commissaire extraordinaire de la République, et sous la direction du colonel Celler.

Entrée en formation le 5 octobre, un mois après, le

10 novembre, la 1re Légion du Rhône, pourvue de tous les objets les plus indispensables pour une entrée en campagne, quittait Lyon pour se porter en première ligne.

C'était aller un peu trop vite pour faire de bonne besogne.

Les effets d'habillement, d'équipement et la chaussure, achetés et fabriqués à la hâte, étaient généralement fort mauvais ; ne pouvant être convenablement ajustés, ils ont rendu les marches pénibles et, plus tard, ont occasionné bien des retards et des ennuis.

Faute de nécessaires d'armes, les fusils, entre les mains des hommes depuis un mois, n'avaient pu être démontés et nettoyés qu'une ou deux fois, au dernier moment.

Ce départ précipité, contre lequel M. Valentin, alors chef de bataillon, fit en vain des représentations, était plus regrettable encore sous le rapport de la discipline et de l'instruction militaire.

Les quelques officiers détachés de l'armée régulière, arrivés à la Légion le 25 octobre seulement, avaient à peine eu le temps d'en enseigner les premières notions.

Deux cartouches seulement par homme avaient pu être brûlées, la veille du départ, au tir à la cible.

Néanmoins, et malgré tant de désavantages, mais

grâce au profond dévouement, à l'infatigable activité, à l'énergie des officiers de l'armée et de quelques anciens sous-officiers, grâce, aussi, au sentiment de vrai patriotisme qui animait la plupart des gardes nationaux, la 1ʳᵉ Légion du Rhône, après une courte période de pénibles épreuves, a fait très-bonne figure à l'armée. Elle a joué un rôle des plus honorables pendant toute la durée de la campagne, et, en dernier lieu, même en Suisse, elle s'est fait remarquer par son esprit d'ordre et de discipline.

REVUE PLACE BELLECOUR. — DÉPART DE LYON

Le 10 novembre, à midi, par un temps magnifique, la 1ʳᵉ Légion du Rhône et sa batterie d'artillerie, après quinze jours d'un travail incessant, depuis le lever jusqu'au coucher du soleil, sur le terrain d'exercice, la nuit consacrée aux distributions de tous genres, au démontage, au nettoyage des armes, à la fabrication ou à la rectification des sacs, à l'ajustage des effets, etc., le 10, à midi, disons-nous, la Légion, équipée en

guerre, avec tout son attirail de campagne, se trouve
réunie sur la place Bellecour, pour y être passée en
revue par le préfet du Rhône, commissaire extraordinaire de la République, M. Challemel-Lacour, et
y recevoir son drapeau, offert par les dames lyon-
naises.

L'aspect de cette troupe improvisée, de ces premiers
bataillons de la milice républicaine, prêts à se porter
à la rencontre de l'ennemi, est beau, imposant, et fait
concevoir les meilleures espérances à la population,
venue en foule pour lui faire ses adieux, pour lui affirmer ses sympathies et fortifier les âmes par ses en-
couragements.

A l'issue de la revue, qui avait commencé à midi et
demie, M. Challemel-Lacour réunit tous les officiers
et leur adresse une allocution des plus éloquentes, des
plus chaleureuses, inspirée par les sentiments les plus
nobles, les plus élevés, par le patriotisme le plus pur.
En peu de mots, il leur expose la malheureuse situation
de la France, leur fait sentir combien elle a besoin du
dévouement, de l'abnégation, des sacrifices de tous ses
enfants, sans distinction de classes, et quels immenses
résultats peuvent en découler; il leur rappelle ce que
la patrie est en droit d'attendre du courage et de la
bonne conduite de cette première Légion de gardes

nationaux mobilisés, la première qui marche à l'ennemi, celle qui doit servir d'exemple au pays entier.

Cette brillante improvisation enflamme toutes les âmes, et le corps d'officiers y répond par un seul et énergique cri de : « Vive la République ! »

Le général de division, présent également, ajoute ensuite quelques excellents conseils pour la campagne. Après, la Légion défile et les deux premiers bataillons se mettent immédiatement en route pour Villefranche. Le 3ᵉ bataillon, le génie et la batterie d'artillerie seuls retournent à leurs casernes, pour compléter leur organisation.

II

MARCHES ET COMBATS

VILLEFRANCHE

Cette 1re Légion, où l'immense majorité des hommes était animée du meilleur esprit, et que nous venons de voir si belle à la revue de Bellecour, devait malheureusement donner bientôt un triste spectacle d'indiscipline, qui faillit compromettre jusqu'à son existence.

Les deux premiers bataillons, partis de Lyon, le 10, à trois heures, sous les ordres du colonel Celler, vont ce soir même coucher à Chazay et à Limonest, et arrivent à Villefranche le lendemain 11, à deux heures de l'après-midi. Une partie des hommes est logée chez l'habitant, l'autre au couvent des Jésuites et dans quelques grands bâtiments communaux transformés en casernes.

Vers quatre heures, le 2ᵉ bataillon, logé au couvent, se mutine sous différents prétextes. Il en force les portes, se disperse en ville, et déclare qu'il ne veut plus marcher, qu'il veut retourner à Lyon. Un grand nombre de légionnaires se rendent devant le logement du colonel. Le colonel lui-même est injurié et menacé.

Le commandant Valentin, du 1ᵉʳ bataillon, informé de ce désordre, réunit à la hâte son bataillon, se place à sa tête, fait arrêter les plus coupables d'entre les révoltés, et insiste pour qu'ils soient immédiatement traduits devant une cour martiale. Convoquée dans la soirée, elle se réunit à trois heures du matin, et condamne trois légionnaires à la peine de mort.

Ce coupable et grave mouvement d'indiscipline, dont les symptômes se faisaient depuis longtemps déjà sentir à Lyon, était surtout le fait de quelques meneurs ; il y a tout lieu de croire qu'ils obéissaient à une influence extérieure. On aurait voulu faire avorter l'organisation de la Légion et empêcher son départ de Lyon. Il n'y avait donc pas à hésiter. Pour que la contagion de la révolte ne gagnât pas la Légion entière, il fallait faire un exemple sévère immédiatement ; il fallait frapper vite et ferme afin de. couper le mal dans sa racine.

L'exécution des trois condamnés a lieu le 12, à neuf heures du matin.

Cette terrible mais indispensable mesure produit le meilleur résultat.

A partir de ce moment une discipline sévère se maintient avec facilité ; quelques jours après, les légionnaires sont les premiers à réclamer l'application de la loi martiale à l'égard d'un des révoltés de Villefranche, déserteur repris aux avant-postes, à peu de distance de l'ennemi.

Le 13, les deux premiers bataillons ayant reçu l'ordre de continuer leur marche en avant, quittent Villefranche, se rendent à Chagny, par voie ferrée, et vont camper près de Chaudenay (Saône-et-Loire), où le 3ᵉ bataillon et la compagnie du génie, partis de Lyon le 12, viennent les rejoindre le lendemain, 14. Ce même jour, la Légion passe sous les ordres du général Crouzat, qui, le 15, la dirige sur Verdun (Saône-et-Loire).

13 au 15 Novembre.

Le 16, elle reçoit la mission d'aller surveiller, concurremment avec les mobilisés du Jura et un bataillon du 84ᵉ de marche, les passages du Doubs et de la Loue, depuis Verdun jusqu'à Besançon.

Les points à occuper sont les suivants :

1er bataillon en entier à Besançon ;

2e bataillon à Verdun, Navilly et Dôle ;

3e bataillon et le génie à Villers-Farlay, Quingey et Mont-sous-Vaudrey.

Le 19, la 1re Légion passe sous les ordres du général Crévizier.

PREMIÈRE RENCONTRE AVEC L'ENNEMI A DOLE

Dans des reconnaissances dirigées par le commandant Clot, deux compagnies du 2e bataillon, stationnées à Dôle, livrent deux petits combats heureux aux Allemands, qui leur abandonnent trois morts et emportent de nombreux blessés. De notre côté, nous comptons un blessé et un homme disparu.

Le 19, dans la nuit, un corps prussien de quinze cents à deux mille hommes, avec une batterie d'artillerie, était venu faire des réquisitions à Saint-Jean de Losne (Côte-d'Or), et avait fait passer la Saône à un petit détachement de sept à huit hommes qu'il établit

à Losne, dans le but, probablement, de pousser vers
Dôle le lendemain.

Le commandant Clot résolut d'arrêter cette tenta-
tive de l'ennemi, en lui enlevant ce petit poste pendant
la nuit, par un coup de main hardi. Le sous-lieute-
nant Guyot fut chargé de cette mission avec vingt
hommes. Arrivé près du village, à deux heures du
matin et par une nuit sombre, il laisse ses hommes
en arrière et s'engage seul dans le village, pour se
renseigner exactement sur la position du poste ennemi. Il rencontre malheureusement une mauvaise
volonté très-marquée chez les habitants. L'ennemi est
prévenu de son arrivée, abandonne son poste, repasse
la rivière en toute hâte et se replie sur le gros des
forces allemandes. M. Guyot le poursuit avec ses
hommes qui s'établissent derrière les berges de la rivière, et, par un feu de tirailleurs, lui font éprouver
des pertes assez sérieuses. L'ennemi s'en venge en
envoyant quelques obus sur le village de Losne dont
une maison est incendiée. De notre côté, nous avons
un homme fait prisonnier.

Le 20, le commadant Clot, parti en reconnaissance, à la tête de son détachement, dans la direction
de Saint-Jean de Losne, apprend qu'un corps de trois
ou quatre cents Allemands, avec deux canons, a passé

la rivière et s'avance sur Dôle. Le commandant se trouvait alors à Saint-Seine et l'ennemi est signalé à Saint-Symphorien, c'est-à-dire à sept ou huit kilomètres de lui. Il prend à l'instant toutes ses dispositions pour surprendre les Allemands, dont il rencontre les premiers éclaireurs à Laperrière. Le détachement allemand était établi derrière le canal de Bourgogne, à environ deux kilomètres du village. Le commandant Clot déploie ses deux compagnies en tirailleurs et, continuant sa marche, il commence l'attaque, refoule l'ennemi sur Saint-Symphorien et l'oblige à repasser la Saône en nous abandonnant trois morts sur le terrain. De notre côté, nous avons un blessé.

Ces deux petites opérations eurent pour résultat d'obliger l'ennemi à agir, pour le moment, avec plus de circonspection et à ne plus dépasser la ligne de la Saône.

MARCHE SUR DIJON

Le 23 novembre, tous les détachements de la Légion reçoivent l'ordre de se replier pour se concentrer à Verdun, où ils doivent être rendus le 27. La batterie d'artillerie, restée jusque-là à Lyon pour achever son organisation, nous rejoint en route, à Pierre, et le 27, la Légion entière se trouve réunie à Verdun; elle quitte ce cantonnement le 28, pour aller coopérer à une attaque sur Dijon, et va, ce même jour, coucher à Aubigny, Charrey, Broin, Auvillars et Bonencontre. Mais un contre-ordre la fait replier et lui assigne les positions suivantes :

1er bataillon et une section d'artillerie, à l'Abergement ;

2e et 3e bataillons et le reste de l'artillerie à Chives.

Le 1er décembre, la 1re Légion passe sous les ordres du général Cremer qui, le même jour, la dirige sur Beaune où elle n'arrive que vers sept heures du soir.

COMBAT DE CHATEAUNEUF

Le 2 au matin, la Légion repart de Beaune, sous les 3 Décembre ordres du général Cremer, pour se rendre à Bligny-sur-Ouche, où l'ennemi est signalé. L'avant-garde de la Légion arrive vers onze heures, au moment même où les derniers cavaliers ennemis sortent du village, se dirigeant sur Arnay-le-Duc.

Les renseignements recueillis établissent :

1° Que l'armée ennemie, qui s'était mise à la poursuite de Garibaldi, a été repoussée par celui-ci à Autun et se retire sur Dijon ;

2° Que les cavaliers qui viennent de sortir du village appartiennent à une brigade badoise qui a couché à Bligny ;

3° Que cette troupe, informée d'un mouvement opéré par les Français à Nuits et à Beaune, a précipitamment quitté le village, prenant la direction d'Arnay-le-Duc.

La 1re Légion était suivie immédiatement par :

1° Les francs-tireurs de Bourras qui ne font que passer à Bligny et se dirigent sur Ivry ;

2° La 2e Légion du Rhône, qui s'arrête à Lusigny ;

3° Un bataillon de mobiles de la Gironde.

Vers une heure de l'après-midi, le commandant Valentin, qui remplissait les fonctions de lieutenant-colonel, reçoit l'ordre de faire tenir la Légion prête à partir le lendemain à cinq heures du matin, pour se porter sur Arnay-le-Duc, à la poursuite de l'ennemi. Cet ordre lui paraissant irréfléchi, il se rend, accompagné de ses deux collègues, les commandants

Clot et Vène, chez le colonel Celler et le prie de vouloir bien soumettre au général Cremer les observations suivantes :

1° L'ennemi, battu à Autun, est en retraite. Parti de Dijon, il doit chercher à y rentrer le plus tôt possible pour se replier sur le gros de l'armée ; sa marche sur Arnay-le-Duc ne peut donc être qu'une feinte, ou un mouvement inspiré par la crainte de s'engager dans la vallée de l'Ouche, sa route directe ;

2° Courir après lui demain, à Arnay, ce sera un peu tard. On a la presque certitude de ne plus le rencontrer et de faire une course vaine, ou, s'il vient à nous y attendre, c'est qu'il sera en force, qu'il aura pris de bonnes positions, dont il faudra le déloger et, avec des troupes à peine formées, ce sera s'exposer à un échec à peu près certain, chose qu'il faut éviter à tout prix dans un premier engagement ;

3° Renversons les rôles. Par une marche rapide, portons-nous sur sa ligne de retraite. Châteauneuf est une position magnifique, où l'ennemi passera selon toutes les probabilités. Forçons-le à nous y attaquer, à nous passer sur le corps. Un succès brillant est presque assuré.

Ce plan, soumis au général Cremer, à deux reprises différentes, fut d'abord rejeté par lui *avec ironie ;* il

2

ne s'y rallia que vers dix heures du soir et fixa le départ pour une heure du matin ; mais, par suite d'un retard très-regrettable de la 2ᵉ Légion (colonel Ferrer), la petite armée ne parvint à se mettre en marche que vers deux heures et demie [1].

La 1ʳᵉ Légion du Rhône, avec sa batterie d'artillerie, suit la vallée de l'Ouche et passe à Pont-de-l'Ouche, Crugey, etc., ayant à sa gauche, sur la route de Paimblanc, la 2ᵉ Légion, un bataillon de mobiles de la Gironde (commandant Carayon-Latour) et quelques francs-tireurs du Gard, avec deux canons de montagne.

La 1ʳᵉ Légion débouche à sept heures du matin au pied de Châteauneuf, dont elle gravit rapidement la hauteur. L'ennemi, déjà engagé dans le défilé, est pris en flanc. Le combat s'engage. Mais malheureusement les mauvaises dispositions adoptées par le général, qui néglige de faire occuper l'extrémité Est de la colline, compromettent un instant le succès et en amoindrissent beaucoup les résultats.

Châteauneuf est un petit village d'environ 400 âmes, situé à l'extrémité Sud-Ouest d'un plateau, de cinq à six kilomètres d'étendue, à cinq cent-quarante mè-

---

[1] Le chef de la 2ᵉ Légion affirme que ce retard provint de l'ordre même donné par le général.

tres au-dessus du niveau de la mer, et à cent-quarante mètres au-dessus de la route d'Arnay-le-Duc à Dijon, qui passe au pied de la colline. Ce plateau, boisé sur une distance de trois kilomètres à partir du village, forme avec les collines qui lui font face, au Nord, un étroit défilé jusqu'à Sombernon, et constitue une des plus belles positions qu'une armée puisse désirer, soit pour s'opposer au passage d'un ennemi qui voudrait se rendre d'Autun à Dijon, soit pour le prendre en flanc une fois qu'il se serait engagé dans le défilé.

A sept heures du matin, au moment où la Légion arrivait au pied de la colline, les colonnes ennemies, déjà engagées à moitié dans le défilé, étaient au repos et les hommes se chauffaient tranquillement autour de grands feux de bivouac.

C'était la première fois que la Légion se trouvait en présence d'un ennemi sérieux, avec la certitude qu'il ne pouvait lui échapper, et qu'elle allait enfin avoir à se mesurer avec lui et à le combattre. Personne ne doutait du succès et il serait difficile de dépeindre le contentement et l'enthousiasme qui animaient alors cette jeune troupe de gardes nationaux à peine sortis de Lyon.

L'avant-garde, sous les ordres du colonel Celler, formée par le 2e bataillon et deux canons, dès qu'elle

découvre l'ennemi, se hâte de monter au plateau et
d'occuper le village. Sur l'indication du colonel, le
commandant Clot fait mettre ses deux pièces en batterie, en avant du château, leur laisse une compagnie
pour soutien et, avec son bataillon, va occuper la lisière du bois, à droite du village, faisant face au défilé.

Les deux autres bataillons, le génie et l'artillerie,
sous les ordres du général Cremer, suivent de près et
sont établis comme il suit :

Le 1er bataillon fait halte sur la route, à l'entrée du
village ;

Le 3e bataillon prend position sur le flanc d'une
petite colline, près du village de Sainte-Sabine, et les
quatre dernières pièces, gardées par le génie, se mettent en batterie à l'issue du village de Châteauneuf,
dans le bois.

Dès que les deux premières pièces de l'avant-garde
sont en batterie, elles ouvrent le feu, donnant ainsi
un peu trop précipitamment le signal du combat. L'ennemi surpris, mais sans se troubler, reforme son
monde : il nous riposte avec vingt et une pièces, dont
deux batteries de position, envoie de nombreuses petites colonnes à l'attaque du plateau, tout en se re-
mettant en marche sur Dijon avec le gros de ses
forces, son convoi en tête. Le feu de ses batteries,

quoique bien dirigé, ne produit que peu d'effet, tandis
que les obus percutants de notre excellente batterie
Armstrong tombent fréquemment en plein dans les
colonnes allemandes et y causent de grands ravages. Le bataillon Clot, de son côté, oppose la plus
vigoureuse résistance aux colonnes ennemies qui
cherchent à le tourner, à le refouler dans le bois et
sur le village. Repoussés à plusieurs reprises, les Badois sont toutefois un instant sur le point de réussir
et seraient, sans aucun doute, parvenus à rejeter ce
bataillon en bas du plateau, sans l'intelligence et la
bravoure tout exceptionnelle du commandant Clot,
des capitaines Pouvillon et Étiévent, dont les compagnies montrent dans cette circonstance une fermeté
peu commune, même chez de vieilles troupes.

Le général Cremer qui, pendant ce temps, et à
deux reprises différentes, avait fait arrêter un mouvement que le commandant du 1er bataillon faisait faire à
son bataillon pour appuyer le commandant Clot et permettre à celui-ci de s'étendre davantage sur sa droite,
et éviter ainsi d'être tourné, le général Cremer, disons-nous, rendu attentif, par le colonel Celler, sur le
danger qu'il y avait à laisser inoccupée la partie Nord-
Est du plateau, donne enfin, vers onze heures, l'ordre
au 1er bataillon de se porter au plus vite sur ce point.

Le commandant Valentin part aussitôt avec une première compagnie. Arrivé à la sortie du bois, il est reçu par une décharge générale et le combat recommence. L'ennemi, de nouveau reformé, était en position derrière des murs en pierres, à une distance de quatre à cinq cents mètres du bois, avec l'intention de reprendre l'offensive ou simplement pour protéger sa retraite. En attendant que ses autres compagnies restées en arrière le rejoignent, le commandant se contente de se maintenir sur la lisière du bois, mais dès qu'elles sont arrivées, il fait d'un côté tourner les Badois par leur gauche, tandis que de l'autre, ils les repousse de front, les rejette une dernière fois en bas du plateau et les met complétement en fuite dans la direction de Sombernon.

Il était alors environ une heure et demie.

Le 3e bataillon, posté d'abord au pied de Sainte-Sabine avait été placé en avant et à l'Est de Châteauneuf, à peu près au centre du bois ; la colonne du colonel Ferrer, qui n'était arrivée qu'une bonne heure après la 1re Légion, reste encore près d'une heure immobile sur la route au-dessous du village de Sainte-Sabine. Ce n'est que vers neuf heures que la 2e Légion se décide enfin à déployer quelques compagnies en tirailleurs, dans la direction de Vandenesse. Ces compagnies, appuyées par deux petits canons de montagne des francs-tireurs du Gard, ouvrent malheureusement leur feu à une trop grande distance contre les Allemands, encore réunis autour du village de Vandenesse ; elles ne font que les poursuivre de loin dans leur retraite et ramasser leurs blessés et leurs traînards.

Quant au bataillon de la Gironde, le général Cremer l'avait placé dans le ravin, en arrière de Châteauneuf, où il ne put prendre aucune part au combat.

Les forces ennemies se composaient d'une forte brigade badoise, sous les ordres du général Keller, six à sept mille hommes :

5ᵉ régiment de grenadiers badois, colonel Saxe ;

6ᵉ   —   —   —   colonel Bauer ;

5ᵉ   —   de dragons ;

3 batteries d'artillerie, dont deux de position.

Leurs pertes dans la journée peuvent être évaluées à environ cinq cents hommes hors de combat, dont une centaine de prisonniers. Le champ de bataille reste semé de cadavres.

De notre côté, la 1ʳᵉ Légion du Rhône, à vrai dire, la seule sérieusement engagée, a :

5 hommes tués :

4 officiers blessés :

21 légionnaires blessés ;

3 chevaux d'artillerie tués.

Les autres corps n'éprouvent aucune perte.

C'était un bon début dans une première affaire, et ce petit combat, où la Légion venait de montrer beaucoup de fermeté, lui donne de la confiance en elle-même.

Mais combien les résultats eussent été différents et plus complets, si le général Cremer, aussitôt que sa deuxième colonne, sous les ordres du colonel Ferrer, a été en vue, eût porté le 2ᵉ et le 3ᵉ bataillon de la 1ʳᵉ Légion et quelques canons à l'extrémité Nord-Est du plateau de Châteauneuf, pour arrêter en tête les colonnes allemandes, pendant que la batterie et le 2ᵉ bataillon du commandant Clot les culbutaient en flanc, et que la 2ᵉ Légion les prenait en queue !

On peut presque affirmer que, par cette manœuvre qu'indiquaient suffisamment la position et le plan d'opération, le petit corps d'armée ennemi eût éprouvé un véritable désastre.

Après le combat, la Légion peut enfin prendre un peu de repos et un peu de nourriture, dont elle avait grand besoin. Mais le village de Châteauneuf, entièrement dévasté par les réquisitions allemandes, n'offre plus aucune ressource, et la 1ʳᵉ Légion reçoit, à quatre heures, l'ordre de se replier pour aller coucher :

Les 1ᵉʳ et 2ᵉ bataillons à Chazilly ;

Le 3ᵉ bataillon, l'artillerie et le génie, à Sainte-Sabine.

Depuis trois heures la neige tombait à gros flocons, et les chemins, devenus très-mauvais, ne nous permirent d'arriver au gîte 'qu'assez tard dans la nuit.

Le 4 décembre au matin, la Légion se met de nouveau en route, va coucher à Bouze et à Nantoux, et le lendemain rentre à Beaune, où elle reste cantonnée jusqu'au 10, avec le bataillon de la Gironde.

La 2ᵉ Légion s'était, de son côté, retirée à Prémeaux, et les francs-tireurs de Bourras retournaient à Nuits.

Le 10 décembre, toute la 1ʳᵉ Légion va prendre position à Nuits, où se rend également le bataillon de la Gironde.

Le 11, les francs-tireurs de Bourras se replient sur Saint-Jean de Losne et Seurre. Cette retraite, amenée par suite d'une divergence de vues entre le général Cremer et le colonel Bourras, est des plus fâcheuses. Elle découvre entièrement Nuits du côté de Dijon et rend une attaque de l'ennemi probable. Les hauteurs à l'Ouest et en avant de Nuits, vers Dijon, restent inoccupées et ce n'est que sur les instances du commandant Valentin, qu'on y place enfin des grand'gardes, savoir :

Une compagnie de la Gironde à Concœur ;

Deux compagnies de la 1re Légion et deux canons sur le plateau de Chaux.

Le 12 décembre, le colonel et les trois chefs de bataillon de la 1re Légion offrent leur démission, dans le but d'appeler l'attention du gouvernement sur la manière dont les opérations militaires sont conduites autour de Nuits. Ces démissions ne sont point acceptées.

Le 13 décembre, tout le 1er bataillon monte sur le plateau de Chaux et y prend son cantonnement au village, sous les ordres du commandant Valentin. Le même jour, les 2e et 3e bataillons, avec quatre canons, vont faire une reconnaissance sur Saint-Nicolas et Saint-Bernard, où on signale l'ennemi ; mais les dispositions prises par le général, qui conduisait lui-même la reconnaissance, empêchent la réussite d'un beau coup de main.

Le 15, le 32e régiment de marche et une batterie d'artillerie de 4 de campagne, du 9e régiment, arrivent à Nuits.

Le lendemain 16, un bataillon du 32ᵉ, commandant Maffre, relève le 1ᵉʳ bataillon de la Légion à
Chaux.

COMBAT DE NUITS

Depuis le 13, l'ennemi, sous prétexte. de faire des
vivres, pousse de fortes reconnaissances sur Gevrey,
Saint-Bernard, Saint-Nicolas, etc., avec le but évi-
dent de se faire poursuivre, de nous éloigner de Nuits
et de nous attirer dans la plaine, pendant qu'un beau
jour, dans une attaque sérieuse, il essaiera de nous
couper de notre ligne de retraite, de nous tourner par
les hauteurs de Chaux et de Concœur, faiblement
occupées, et qui sont nos véritables positions défen-
sives. Le commandant Valentin fait soumettre ces
observations au général par le colonel Celler, mais,
comme à Châteauneuf, il n'est pas écouté ; sans prendre aucune mesure pour faciliter la défense en cas
d'attaque ou de surprise, on continue à courir après
les patrouilles ennemies, après quelques uhlans, chaque

fois qu'ils s'avancent dans une direction quelconque, et, dans la journée du 18, la tactique de l'ennemi prévue par le commandant de la 1re Légion est sur le point de réussir.

Le 17, à neuf heures du soir, les trois bataillons de la 1re Légion, sa batterie d'artillerie, le génie et le bataillon des mobiles de la Gironde, reçoivent l'ordre de faire le lendemain, à cinq heures du matin, une reconnaissance sur Gevrey, à onze ou douze kilomètres en avant de Nuits, sur la route de Dijon. Cet ordre, discuté en plein café, divulgué partout, était connu de toute la ville depuis la veille, et avant de parvenir officiellement à la connaissance du chef de la Légion.

Appelé chez le colonel, à dix heures du soir, le commandant Valentin convient avec lui de faire la reconnaissance dans l'ordre suivant :

Le bataillon de la Gironde s'avancera par le chemin des hauteurs à l'Ouest, marchera avec précaution, fouillera les bois avec soin et reviendra par le chemin vicinal de Curley à Concœur. Il précédera la colonne principale d'une bonne demi-heure.

La 1re Légion, s'éclairant de son mieux, suivra : à partir de Vougeot, un bataillon, un chemin d'exploitation, à mi-côte, parallèle à la route; les derniers ba-

taillons et l'artillerie marcheront par la grande
route.

Il est à peu près certain qu'il y avait, à cette époque,
à Dijon et dans les villages environnants, vingt-cinq
à vingt-six mille hommes de troupes allemandes et
soixante pièces d'artillerie, sous les ordres du général
Werder.

Voici quelles étaient, dans la soirée du 17, les positions de nos forces, à nous :

32e de marche : un bataillon à Nuits ;

—   un bataillon à Chaux ;

—   un bataillon à la Berchère et
à Boncourt ;

1re Légion entière à Nuits, avec des grand'gardes
à Boncourt et à Agencourt ;

Un bataillon de la Gironde à Nuits, avec une
compagnie à Concœur ;

Une batterie de 4 de campagne, du 9e d'artillerie,
à Nuits ;

Deux pièces de montagne, des francs-tireurs du
Gard, à Nuits ;

2e Légion du Rhône, à Prémeaux ;

Francs-tireurs de Bourras, à Auvillars, Seurre et
Saint-Jean de Losne ;

Troupes de Garibaldi, à Autun.

Ce même soir, 17, le colonel Bourras, venu à Nuits pour offrir de nouveau sa coopération au général Cremer, fut remercié par le général, *avec l'assurance qu'il était à même de se suffire avec les troupes qu'il avait autour de lui.*

18 Décembre.

La reconnaissance de Gevrey quitte Nuits à cinq heures du matin, sous les ordres du colonel Celler. Arrivée près de Vosne, le commandant du 1er bataillon fait une violente chute de cheval : on est obligé de le reconduire en ville. Vers sept heures, le général Cremer vient lui-même prendre le commandement des troupes.

Le bataillon de la Gironde ne suit pas exactement les instructions et l'itinéraire arrêtés la veille.

9 h. du matin.

Arrivée à Gevrey, à neuf heures du matin, l'avant-garde de la 1re Légion rencontre quatre uhlans, dont deux sont tués et un troisième fait prisonnier.

Peu après, un autre petit peloton de douze cavaliers s'avance par la route de Dijon ; fusillé à bonne portée, il se replie au galop, laissant derrière lui trois morts et un prisonnier. Le général Cremer fait tirer bien inutilement trois coups de canon, sans résultat aucun, si ce n'est d'indiquer d'une manière bien précise à l'ennemi quelle est notre position. Il se dispose ensuite bien tranquillement à faire une halte d'une heure.

Le colonel Celler, beaucoup moins confiant que lui,
blâme fortement cette résolution et l'engage à se
replier de suite.

Dans le même moment, les commandants Clot et   9 h. 1/2.
Vène font prévenir le général que de fortes colonnes
ennemies se dirigent sur Nuits, par la route de Saint-
Bernard, à trois ou quatre kilomètres sur leur droite,
et qu'elles ont déjà dépassé nos bataillons. Le général
répond qu'il le sait bien, mais n'en ordonne pas moins
de suite la retraite sur Nuits, partant lui-même, en
toute hâte, avec le 3ᵉ bataillon et l'artillerie.   .

Vers onze heures et quart, les grand'gardes de Bon-   11 h. 1/4
court et d'Agencourt commencent à être attaquées par
l'ennemi.

Le commandant Valentin, averti, à peu près à la
même heure, de l'approche des Allemands, se traîne à
l'état-major pour se renseigner. Là, le colonel Poullet
l'informe que l'attaque s'annonce comme devant être
sérieuse ; que l'ennemi s'avance dans la plaine, divisé
en plusieurs fortes colonnes. Le commandant lui demande alors : « — *Le bataillon du 32ᵉ est-il toujours
à Chaux ?* » Le colonel répond : « — *Non : le général
a donné l'ordre de le rappeler et de n'y laisser que
deux compagnies.* » Le commandant se récrie vive-
ment contre cette mesure, contre tant d'imprévoyance,

et insiste auprès du colonel pour que le plateau soit de suite occupé de nouveau, en force; il lui fait comprendre toute l'importance de la position et la probabilité d'une attaque de ce côté. Il prévient aussi le colonel qu'il va immédiatement de sa personne monter au plateau, avec tous les hommes restés en ville et qu'il pourra ramasser, le priant de lui envoyer du renfort aussitôt qu'il sera possible.

Midi.

A midi, les bataillons en reconnaissance sur Gevrey rentrent en ville, apprennent que les grand'gardes sont déjà aux prises avec l'ennemi et, sur une simple indication du général, ils vont prendre position le long de la voie ferrée, en avant et à l'Est de la ville. Les bataillons sont déployés par inversion, la droite vis-à-vis Agencourt, la gauche vers Vosne, avec une ligne de tirailleurs, à trois ou quatre cents pas en avant, bien embusqués dans les vignes. Le 32e de marche, également sur un ordre assez vague du général, prend position à la droite de la 1re Légion. L'ennemi débouche sur plusieurs fortes colonnes, précédées de tirailleurs, par les routes d'Agencourt, Boncourt, etc., et il établit sa principale batterie à la Berchère, qui est évacuée par le 32e de marche. Le combat s'engage aussitôt. Nos tirailleurs ouvrent le feu à bonne distance, luttent avec beaucoup de vigueur, forcent plus d'une fois l'ennemi à s'arrêter, à se replier, et maintiennent cette première position pendant plus d'une heure ; mais enfin, accablés par le nombre, ils cèdent peu à peu le terrain et viennent également se placer dans la tranchée du chemin de fer. Dans cette excellente position, la 1re Légion se défend avec la plus grande bravoure, avec un véritable acharnement, contre des forces très-supérieures et contre une formidable artillerie, qui la couvre entièrement de ses feux. Elle subit des pertes très-sérieuses. Vers deux heures, le brave colonel Celler, qui fait des prodiges de valeur, tombe frappé mortellement. Les munitions s'épuisent ; les hommes n'ont plus à leur disposition que celles qu'ils ramassent sur les morts et les blessés. Le commandant Clot, sachant qu'il existe deux caissons de cartouches en réserve au parc d'artillerie, les fait, à plusieurs reprises, demander en vain au général Cremer, qui est, lui, resté en ville.

L'ennemi s'avance toujours. Vers trois heures et demie, il déploie tout à coup ses colonnes à moins de cent pas de la ligne du chemin de fer. Notre feu a presque cessé. Le commandant Clot ordonne des feux de peloton, mais officiers et soldats répondent avec désespoir : « — Nous n'avons plus de cartouches ! »

Un petit nombre d'hommes continuent le feu ; on

3 h. 1/2.

3

tient ferme cependant. On attend des renforts, qui n'arrivent pas.

Les Allemands gagnent le bord de la tranchée, fusillent nos légionnaires pour ainsi dire à bout portant. Le commandant Clot, menacé aussi par sa gauche, se décide enfin à la retraite. Elle s'effectue, protégée par les quelques hommes qui ont encore des cartouches et qui parfois luttent corps à corps avec les tirailleurs ennemis. Le 1er bataillon, dont l'adjudant-major et plusieurs officiers viennent d'être tués, suit le mouvement. Un peu plus tard, le commandant Clot, blessé lui aussi, est contraint de se retirer du combat. A l'entrée de la ville, le commandant Vène, du 3e bataillon, qui a fait également des pertes cruelles, organise de nouveau la défense et résiste jusqu'à cinq heures et demie ; mais, tourné par l'ennemi à gauche, menacé de l'être à droite et coupé de sa ligne de retraite, il ordonne de se replier sur Chaux, où le général s'était retiré dès trois heures et demie ou quatre heures. Cette retraite est protégée par le puissant feu d'artillerie de toutes nos batteries, en position sur les routes de Chaux et de Beaune, à l'extrémité Sud de la ville. Il faisait déjà nuit.

Le 32e de marche avait déjà effectué sa retraite, et la 2e Légion du Rhône, venue de Prémeaux pour ren-

forcer la défense de Nuits, s'était également repliée,
sans avoir pu réussir dans sa mission. Seules, quelques
compagnies du 57ᵉ de marche, qui venait d'arriver de
Beaune, résistaient encore. Mais ce renfort, venu beaucoup trop tard pour nous permettre de reprendre l'offensive, dans ce moment, n'eut plus d'autre résultat que
celui de faciliter la retraite, et, bientôt après, à la faveur
de l'obscurité, l'ennemi entrait en ville, où ses obus
avaient allumé de nombreux incendies.

Sur le plateau de Chaux, le combat, engagé également vers midi ou une heure, avait eu une issue plus
heureuse.

Entre onze heures et midi, le commandant Valentin
arrive sur le plateau, immédiatement au-dessus et à
l'Ouest de la ville, avec une centaine d'hommes appar-
tenant à toutes les compagnies et avec le lieutenant
Bertholet. Il les dispose en tirailleurs, un peu en arrière de la crête militaire, face à Concœur, où se trouve
déjà une compagnie du 32ᵉ, et face au ravin qui con-
duit et à Villars-Fontaine et à Concœur. Un peu plus
tard, deux compagnies de la 2ᵉ Légion et des francs-
tireurs du Gard viennent le renforcer. Dans ce moment, vers midi, une colonne allemande, de mille à
douze cents hommes, débouchait de derrière le village
de Concœur, qu'une compagnie de la Gironde, qui s'y

trouvait de grand'garde, avait abandonné sans combattre [1].

Voyant le plateau de Chaux occupé, la colonne allemande s'arrête, le fait reconnaitre plusieurs fois par des officiers et, prenant enfin position près de Concœur, sans tenter d'attaque, se contente de nous observer pendant toute la journée.

Vers le soir, cependant, une épaisse ligne de tirailleurs essaie de descendre la pente de la position pour se diriger vers Nuits, mais elle se replie presque aussitôt et se retire derrière le plateau de Concœur pour ne plus reparaître.

D'un autre côté, le commandant Maffre, du 32e de marche, reconnaissant, lui aussi, toute l'importance de sa position, n'avait heureusement pas exécuté l'ordre du général. Retenant avec lui toutes ses compagnies, il s'était porté sur la hauteur en arrière de Chaux, dans le bois de Poinsot, que lui avait indiquée son camarade de la 1re Légion, et où, par une ligne de tirailleurs, il relie sa troupe avec celle qui occupe le

---

[1] Le capitaine de cette compagnie et une dizaine d'hommes seulement, partis pour aller reconnaitre l'ennemi, engagent un feu de tirailleurs avec lui. Mais bientôt, entourés de tous les côtés, ils ne parviennent à échapper aux Allemands qu'en se cachant dans le bois pendant toute la journée, et le capitaine ne reparait au village que le lendemain matin, après avoir eu un homme tué et plusieurs disparus.

plateau de Chaux. Quelques pièces d'artillerie viennent le rejoindre. Attaqué vers une heure par une
forte colonne allemande, appuyée par une batterie
d'artillerie, qui débouche par la petite vallée de
Villars-Fontaine, il la refoule avec le plus grand
succès.

A trois heures et demie, cette colonne est en fuite
sur Dijon, poursuivie par le 32ᵉ de marche et par
les francs-tireurs du Gard.

La magnifique position de Chaux, la seule qu'il
importait de garder, et sans laquelle l'occupation de
Nuits est impossible, restait donc intacte entre nos
mains, et nous conservions toute liberté pour une retraite, soit sur Beaune, soit sur Autun par la vallée
de l'Ouche.

Ce résultat était des plus importants, car si, par
malheur, l'ennemi était parvenu à s'emparer du plateau de Chaux dès le début de son attaque, comme il
l'avait espéré, la petite armée de Nuits, tout entière,
prise à revers et enveloppée de tous côtés, serait fata-
lement devenue la proie des Allemands.

Mais, comme nous venons de le dire, cette admira-
ble position nous restait ;

Le 57ᵉ de marche, venu jusqu'à Prémeaux, n'était
pas entré en ligne, sauf quelques compagnies ;

Du 32me de marche, un seul bataillon avait beaucoup souffert;

Le bataillon de la Gironde, n'ayant pas eu d'engagement sérieux, avait perdu très-peu de monde;

La 2e Légion du Rhône, très-mal dirigée, à l'exception d'une ou deux compagnies, sous les ordres du commandant Mouton, n'était pas entrée en ligne non plus. Entassée dans les rues de Nuits, elle n'a fait que perdre du monde sans se défendre; mais à vrai dire, elle était entièrement démoralisée;

A la 1re Légion seule, il manquait environ 1,200 hommes.

L'artillerie avait épuisé presque toutes ses gargousses. Mais le chemin de fer de Lyon restait libre, les francs-tireurs de Bourras n'étaient qu'à une distance de vingt kilomètres au plus, et Garibaldi ne pouvait être loin.

8 h. du soir. Le général Cremer n'en donna pas moins, à huit heures du soir, l'ordre d'abandonner cette superbe position, pour se retirer à Beaune. La petite armée arrive dans cette ville entre onze heures et minuit; elle est entassée pêle-mêle dans toutes les maisons, sans avant-postes. sans ordres, sans aucune précaution prise contre une attaque possible ou même probable le lendemain.

Le général, rentré à Beaune depuis assez longtemps, était couché ainsi que son état-major.

Dans ce sanglant combat de Nuits, où des gardes nationaux, à peine enrégimentés, ont montré la valeur d'une vieille troupe, et se sont battus avec une grande bravoure, avec un véritable acharnement, la 1re Légion du Rhône a fait des pertes très-sérieuses, des pertes irréparables :

10 officiers tués ;

Le colonel blessé mortéllement ;

1 chef de bataillon blessé ;

17 officiers inférieurs blessés ;

4 officiers disparus ;

704 sous-officiers et légionnaires tués ou blessés ;

460 sous-officiers et légionnaires prisonniers.

Sur ces 460 prisonniers, environ 350, il est vrai, parviennent à s'évader pendant la nuit et à rejoindre la Légion dès le surlendemain.

Les forces de l'ennemi engagées pendant cette journée peuvent être évaluées à 18,000 hommes, avec 48 canons, et ses pertes se seraient, dit-on, élevées à plus de 5,000 hommes [1]. Ce qu'il y a de

---

[1] On affirme même que les forces badoises, réunies pour cette attaque, s'élevaient à 24.000 hommes, et que leurs pertes ont dépassé 7,000 hommes hors de combat.

certain c'est que, le soir même du combat, les méde-
cins allemands avouaient 57 officiers tués ou blessés
et, parmi eux, le prince Guillaume de Bade.

Tous ces chiffres parlent avec éloquence et prou-
vent combien la 1ʳᵉ Légion du Rhône a noblement fait
son devoir.

Le 19 décembre au matin, toute la Légion est dirigée sur Chagny et de là sur le village de Rully, où
elle ne fait que coucher.

Le 20, sur la demande du commandant de la Légion,
elle est dirigée sur Châlon-sur-Saône, pour se réor-
ganiser, et elle séjourne dans cette ville le 21 et
le 22.

Le 22, elle passe sous les ordres du général de
Busserolle.

Le 23, elle part pour Chagny, et le 24, elle rentre
à Beaune, où elle reste jusqu'au 27 inclus.

Le 27 décembre, le commandant Valentin est
nommé colonel de la Légion, en remplacement du
brave colonel Celler, qui avait succombé à la suite de
sa blessure reçue au combat de Nuits. La batterie
d'artillerie, détachée de la Légion, passe sous les ordres du général Cremer, qui prend le commandement
d'une division d'infanterie. Cette mesure est très-
regrettée de toute la Légion et surtout de son nouveau

colonel, auquel, dans la suite, cette excellente batterie,
à Arcey et près d'Héricourt, fait le plus grand dé-
faut.

Le 28 décembre, départ de Beaune pour Besançon 28 Décembre.
par voie ferrée. — La Légion, rendue à la gare à onze
heures du matin, y attend le train jusqu'au 29 à une
heure du matin. Par suite de l'encombrement de la
voie et des gares, elle reste trente-six heures en va-
gons, par un froid très-violent, et n'arrive enfin à
Besançon que le 30 à neuf heures du matin ; mais
elle en repart aussitôt pour prendre son cantonnement
à Saint-Ferjeux, à une lieue de la ville.

A partir de ce moment, la 1ʳᵉ Légion fait partie de
l'armée de l'Est sous les ordres du général Bourbaki.
Elle est incorporé dans la 3ᵉ division (général de
Busserolle), du 24ᵉ corps d'armée (général Bressolles), et reste cantonnée à Saint-Ferjeux jusqu'au
2 janvier inclus, pour achever sa réorganisation et
reformer ses cadres.

I I I

OPÉRATIONS A L'ARMÉE DE L'EST

DÉPART DE BESANÇON

Le 3 janvier, le 24ᵉ corps d'armée, sous les ordres du général Bressolles, se met en mouvement à huit heures du matin, et la 1ʳᵉ Légion va le même jour can-tonner à Chaudefontaine et Corcelles, où elle séjourne les 4 et 5, et se porte le 6 à Ryllans, Tournans et Trouvans, où elle reste jusqu'au 7 inclus.

Le 8 janvier, la Légion va se concentrer à Huanne et, de là, part pour Abbenans, où elle arrive vers quatre heures du soir.

Deux compagnies de grand'garde à Les-Magny, sont appelées dans la soirée pour renforcer l'occupa-

3 janvier
1871.

tion de Villersexel, composée d'un escadron de cavalerie, d'un bataillon de mobiles de la Corse et d'un
bataillon de mobiles des Vosges. Ces deux compagnies
prennent dans la nuit une part glorieuse au premier
combat de Villersexel.

Le 9, à sept heures du matin, la Légion va prendre position sur le plateau de Treuil, dominant la
route de Villersexel, au nord d'Abbenans. On crai-
gnait une attaque de la part de l'ennemi. Vers dix
heures, elle se remet en mouvement, avec toute la
3e division, et va cantonner à Crevans, quartier général de la division. L'ennemi occupe Gonvillars,
Saulnot, Villers-Saulnot, Chavanne, etc.

Au moment où nos grand'gardes vont prendre
possession de leurs postes, l'ennemi envoie quelques
coups de canon, mais sans aucun résultat.

COMBAT DE VILLERSEXEL

Le 3e bataillon de la Légion, de grand'garde, resté
en arrière pour couvrir la marche de la division, est

retenu par le général de Polignac et prend une part
très-brillante au combat de Villersexel. Quatre compagnies, sous les ordres du brave commandant Vin-
cent, enlèvent, avec le plus grand entrain le village
de Villers-la-Ville, défendu par un bataillon prussien,
qui, en se retirant, abandonne une vingtaine de ses
morts.

Dans l'ensemble de ce combat, les pertes du 3e bataillon s'élèvent à quinze tués ou blessés, trente et un
disparus ou prisonniers, dont environ la moitié parvient à s'évader. Ce bataillon rejoint la Légion dans
la soirée.

Le 10, la Légion entière va prendre position sur
le plateau de Secenans, où elle reste jusqu'au 11 au
soir.

Dans la soirée du 10, elle a une escarmouche
avec un poste de cavalerie allemande, dans le bois,
derrière le village de Grange-la-Ville. L'ennemi fuit
en toute hâte, nous abandonnant un mort.

Le 11, la Légion est relevée, sur cette position,
par le 89e provisoire, et reprend son cantonnement à
Crevans. Le 12, elle fait une reconnaissance sans résultat sur Saulnot.

COMBAT D'ARCEY

13 Janvier. Le 13 janvier, la 3e division du 24e corps doit être réunie en avant de Crevans, pour commencer son mouvement à sept heures du matin, mais la 2e Légion du Rhône et le 89e provisoire retardent le départ jusqu'à huit heures. Ce retard est on ne peut plus regrettable.

La 1re division, à notre droite, doit se porter sur Arcey.

La 3e division a pour mission de s'emparer de Corcelles, Saulnot et Gonvillars. Elle doit marcher en avant et attaquer sur trois colonnes.

La colonne de droite, un bataillon du 89e provisoire et une batterie de montagne, sous les ordres du lieutenant-colonel Marchal, doit suivre les hauteurs boisées qui dominent Corcelles et prendre position au-dessus de Gonvillars.

La colonne de gauche, formée par la 2e Légion du Rhône, colonel Chabert, et quatre pièces de 6, Armstrong, doit suivre les hauteurs au-dessus de Saulnot, et, sous la direction même du général de Busserolle, se porter sur Saulnot et emporter le village.

La colonne du centre, composée d'un peloton de cavalerie et de deux compagnies du 21e bataillon de chasseurs à pied, en avant-garde, des trois bataillons de la 1re Légion et de deux batteries de 4 de campagne, sous les ordres du colonel Valentin, doit suivre la route d'Arcey et attaquer, par le col, les positions qu'elle a devant elle.

La réserve est composée du 4e bataillon de Loire, d'un bataillon de mobiles du Var et de trois pièces de 12 Armstrong de la 2e Légion ; elle a pour instruction de suivre la route d'Arcey, derrière la colonne du centre.

A huit heures du matin, la 3e division, qui aurait dû partir à sept heures, se met enfin en marche, mais bientôt les colonnes de droite et de gauche s'arrêtent et font de nouveau perdre un temps précieux, près d'une heure.

Vers neuf heures, l'avant-garde signale l'ennemi et engage avec lui un feu de tirailleurs. Le colonel Valentin, impatienté de tant de retards, reporte sa colonne en avant et se décide à attaquer immédiatement ; il déploie sa colonne, et les bataillons de la 1re Légion prennent la tête des trois colonnes d'attaque. Corcelles est traversé sans obstacle. On s'empare d'une première position, où l'ennemi s'était retranché; le colonel y fait mettre en batterie dix pièces de 4 de campagne, et pendant qu'elles tirent avec succès sur les batteries ennemies, établies près de Villers-sous-Saulnot, et qu'elles attirent toute l'attention des Allemands, il fait tourner leurs positions par l'infanterie, qui les emporte successivement. Les villages de Gonvillars, Saulnot, Chavanne, Le Vernois, sont enlevés avec beaucoup d'élan. A Chavanne, le 2ᵉ bataillon du commandant Vène se fait remarqüer d'une manière toute particulière par la vigueur de son attaque.

Pendant toute cette journée, la 1ʳᵉ Légion continue à montrer l'entrain et la solidité d'un vieux régiment ; elle fait l'admiration de tout le monde et le soir le colonel reçoit de toutes parts des félicitations.

Les pertes de la journée sont :

Le colonel, blessé légèrement ;

2 officiers blessés grièvement ;

76 sous-officiers et légionnaires, blessés, tués et disparus, présumés morts.

De son côté, l'ennemi abandonne ses morts sur le champ de bataille ; il nous laisse quelques prisonniers et doit avoir beaucoup souffert.

Le lendemain 14, la 3ᵉ division reste dans ses positions, au Vernois et à Chavanne.

— ———

BATAILLE D'HÉRICOURT

La bataille d'Héricourt n'est, à dire vrai, qu'un
immense combat d'artillerie, où l'infanterie, cons-
tamment tenue masquée, n'a presque pas été engagée.

Toute la 3ᵉ division doit se mettre en mouvement 15 Janvier.
à cinq heures du matin, mais ne parvient à partir
qu'à six heures et demie. Elle doit aller occuper les
positions près de Bussurel, et s'y porte par Aibre,
Laire et Vyans.

Arrivée à Aibre, vers neuf heures et demie seulement, toute la 3ᵉ division se déploie par colonne de
demi-bataillon, et l'artillerie prend position sur les
hauteurs en avant du village. Le général de Busserolle prend le commandement de la première ligne et
dirige l'opération.

Le 1ʳᵉ Légion, également déployée par colonne de

4

demi-bataillon, forme la réserve, en deuxième ligne. Toute la journée elle ne fait que suivre le mouvement, et n'entre en première ligne qu'un instant, vers le soir. A cinq heures elle arrive sur les positions de Vyans, en avant du bois de Tavey et du grand bois, où notre artillerie lutte toujours, mais, par son tir trop court, ne produit que peu d'effet. Toute la 3ᵉ division reste dans ses positions et passe la nuit au bivouac, ayant la 1ʳᵉ division à sa droite. Le froid est de 15 à 18 degrés.

Les pertes de la 1ʳᵉ Légion, ce jour-là, se bornent à :

Un officier tué et quelques hommes blessés.

La journée est restée sans résultat sérieux pour la 3ᵉ division et le 24ᵉ corps d'armée. Le village de Bussurel n'a pu être occupé.

Pour assurer le succès sur Héricourt, il eût fallu, dès ce même soir, faire traverser la Lisaine à tout le 24ᵉ corps, lui faire occuper les positions et les bois en avant de Bussurel, et arriver ainsi à tourner Héricourt, pendant que la plus grande partie des forces ennemies étaient attirées au Nord par l'attaque du 18ᵉ corps et de la division Cremer. Cette opération eût été facile vers trois heures de l'après-midi, en prononçant l'attaque à environ un kilomètre au Sud de Bussurel. Des retards impardonnables, le manque d'ensemble, de vigueur et de direction dans l'attaque, ont, sans aucun doute, empêché ce plan d'être suivi.

Le 16 janvier, à huit heures du matin, la Légion prend position derrière une batterie de douze placée entre Vyans et le bois du Chanois.

Vers midi, un grand nombre d'hommes de la 2e Légion et des mobiles du 89e provisoire, en position dans le bois de Chanois, abandonnent leurs postes en débandade, et le colonel de la 1re Légion se voit obligé de déployer plusieurs de ses compagnies pour les ramener en avant et les maintenir sur la ligne.

A deux heures, la 1re Légion, à son tour, va occuper le bois du Chanois, sur les bords de la Lisaine, au Sud-Est d'Héricourt et au Nord de Bussurel, où elle reste en position jusqu'au 18, à neuf heures du matin.

Pendant tout ce temps, il y a échange continuel de coups de fusil avec les postes ennemis, placés de l'autre côté de la petite rivière et derrière la chaussée du chemin de fer. Nos pertes ne sont que de dix à douze hommes blessés.

Le 18, à neuf heures du matin, la Légion, relevée par le 4e bataillon de la Loire, se retire derrière Vyans, dans les bois. A ce moment-là, l'ennemi a disparu de ses positions de la veille. On ne voit plus que deux pièces en batterie ; bientôt elles s'éloignent à leur tour et se retirent dans le bois, dans la direction d'Héricourt.

RETRAITE DE L'ARMÉE

18 Janvier.   Le soir, à huit heures, toute la 3ᵉ division se met en retraite sur Faimbe, par Laire, Rainans, Saint-Julien, Sainte-Marie et Arcey. La 1ʳᵉ Légion forme la gauche de la colonne et n'arrive à Faimbe que le 19, vers onze heures du matin ; elle en repart le 20, à une heure du matin. Toute la 3ᵉ division continue la retraite par Clerval et Auteuil et se porte à Glainans. La 1ʳᵉ Légion, le 4ᵉ bataillon de la Loire et une section d'artillerie de la 2ᵉ Légion du Rhône, sous les ordres du colonel Valentin, vont occuper Lautenans et les défilés en avant, pour couvrir la route de Glainans à Pont-de-Roide. La petite colonne arrive à sa destination vers dix heures du soir et fait séjour les 21, 22 et 23.

Les fièvres, les fluxions de poitrine et la dyssenterie font des ravages épouvantables dans le cantonnement et, le 23, obligent à une évacuation de cent quarante malades d'un seul coup.

Dans la soirée du 23, les avant-postes échangent quelques coups de feu avec les tirailleurs allemands qui ont passé la rivière à l'Isle-sur-le-Doubs.

A neuf heures du soir, le détachement reçoit l'ordre de se replier sur Rendevillers, par Glainans, Velle-rot, Rahon et Sancey. Le quartier général de la division est porté à Vellevans.

La petite colonne se met en marche à dix heures du soir et n'arrive à Rendevillers que le 24, à dix heu-res du matin.

Dans la soirée, pour faciliter la retraite et dans la crainte d'une attaque, tous les bagages et les malades de la division reçoivent l'ordre de partir à minuit pour se rendre à Passavant. Presque aussitôt, chassés par l'approche de l'ennemi, ils se dirigent sur Pontarlier et, de là, directement sur Lyon, par Mouthe.

Le 25, la 3ᵉ division doit continuer sa retraite sur Passavant et la 1ʳᵉ légion quitte Rendevillers à six heures du matin. Mais, arrivée à Vellevans, un ordre du général en chef arrête le mouvement. La 1ʳᵉ Légion, un bataillon de la 2ᵉ (commandant Mouton) et une batte-rie de montagne reçoivent l'ordre de rebrousser chemin sur Vellerot, pour réoccuper les défilés de Lomont. La

1re division du 24e corps doit garder les passages à
droite, de Valonne à Pont-de-Roide. On repart aussitôt.

La colonne arrive vers onze heures du matin à
Rahon, où le colonel apprend que la 1re division a
quitté ses positions. Il en informe le général de Busserolle et lui expose que, par suite de la retraite de la
1re division, l'occupation des défilés, placés en avant de
Vellerot, et qu'on peut facilement tourner, devient inu-
tile sinon dangereuse.

Dans la journée du 25, la Légion reçoit l'ordre de
se tenir prête à quitter Vellerot, au premier moment,
pour se rendre à Pierrefontaine, par Sancey, et, après
plusieurs ordres et contre-ordres, elle quitte enfin
Vellerot le 26, à six heures du matin, en même temps
que la batterie de montagne et le bataillon de la 2e Légion. A peine en route, le mouvement est de nouveau
arrêté. La colonne doit faire halte à Rahon et s'y tenir
prête à repartir au premier signal.

Vers dix heures du matin, les cavaliers laissés en
vedette à Vellerot informent que l'ennemi a franchi les
défilés et s'avance sur le village.

La position de Rahon étant très-mauvaise pour la
défense, le colonel Valentin informe immédiatement le
général de Busserolle qu'il se replie par la route de

Pierrefontaine et se retire lentement sur les hauteurs au nord de Sancey-le-Grand. Décidé à défendre cette magnifique position jusqu'à l'arrivée du général de Busserolle, il en informe de nouveau ce général, mais, en réponse, reçoit un ordre verbal de continuer la retraite sur Pierrefontaine, où M. de Busserolle se porte de son côté avec toute la division, en suivant une route différente.

Après deux heures d'attente, la colonne se remet en marche et arrive à Pierrefontaine vers quatre heures du soir. Le colonel y reçoit l'ordre de se reporter en avant et de se diriger sur Vaudrivillers, par Sancey, Rendevillers, Vellevans et Lanans, afin de coopérer à un mouvement offensif général, de tout le 24ᵉ corps, sur Passavant.

Cet ordre, daté de Landresse, midi trente minutes, met le commandant de la colonne dans le plus grand embarras, car, presque au même moment, on vient l'avertir et toutes les informations recueillies lui donnent la certitude que la 1ʳᵉ division entière, battue à Passavant, s'est repliée en désordre sur Fuans et que l'ennemi occupe déjà Orsans, Vercel, etc. Deux hypothèses se présentent alors à l'esprit du colonel : ou bien le général de Busserolle, qui, au moment où il donnait cet ordre, n'avait évidemment pas encore connaissance de la retraite de la 1re division, a été entraîné par la déroute sur Fuans ; ou bien, trop faible pour se maintenir dans sa position de Vaudrivillers (aurait-il même la 1re Légion avec lui), il sera à son tour condamné à se replier, si déjà il ne s'est pas retiré par Sancey, Provenchère, etc. Dans quelle direction, dans ce cas, aller à la recherche du général ?

D'un autre côté, en supposant qu'il soit encore à Vaudrivillers, sa retraite, de toute façon, devient pour lui inévitable dans la nuit même, et l'arrivée de la colonne, sous les ordres du colonel Valentin, loin de le renforcer, ne pourra que le gêner et paralyser ses mouvements. Sur pied depuis minuit, ayant la moitié de ses hommes malades et ne se traînant qu'avec peine, cette colonne, qui devait parcourir de trente à trente-cinq kilomètres de plus, ne pourrait arriver qu'avec le dixième de son effectif, au maximum, et ces hommes, exténués de fatigue, incapables de combattre, devraient repartir tout aussitôt. Non, cet ordre n'était pas exécutable : y donner suite, c'eût été commettre une faute grave, presque une folie ; c'eût été exposer la division entière à tomber au pouvoir de l'ennemi ; car, personne ne le contestera, de toute l'infanterie de cette division, la 1re Légion et les deux compagnies de chasseurs à pied avaient seules conservé leur moral, maintenu de

l'ordre, de la discipline, et se battaient encore. Le
reste, affaibli par les maladies et le manque de vivres,
n'était plus qu'un embarras.

Dans cette situation, la plus difficile de celles où il
s'est trouvé pendant toute la campagne, le colonel ne
craint pas d'engager sa responsabilité. Après avoir
fait reposer et manger ses hommes, il fait continuer
la retraite sur Fuans et expédie deux officiers dégui-
sés à la recherche du général, pour l'informer de la
résolution qui vient d'être prise et de la position criti-
que où il se trouve lui-même, si, par hasard, resté, à
Rendevillers, il n'avait pas encore eu connaissance
de la déroute des troupes qui devaient agir avec lui
sur Passavant.

La colonne, repartie à six heures du soir de Pierrefontaine, n'arrive à Fuans qu'à minuit. Elle y trouve
un immense convoi et tout le parc de réserve de l'artillerie du 24ᵉ corps. La 1ʳᵉ division n'avait fait que
traverser la ville, continuant sa retraite sur Morteau.
Le général Bressolles, commandant le 24ᵉ corps, était,
disait-on, déjà rendu à Pontarlier. Mais on n'avait aucune nouvelle du général de Busserolle.

Le 27, la 1ʳᵉ Légion et les troupes sous les ordres
du colonel Valentin séjournent à Fuans, que le colonel
est résolu à défendre, pour protéger la retraite du

convoi et attendre des nouvelles du général de Busserolle. Un bataillon de la 3ᵉ Légion du Rhône, arrivé
le matin, promet son concours, mais disparait vers
onze heures.

Vers huit heures du soir, le général, rencontré par
un des officiers envoyés à sa recherche, fait enfin
prévenir qu'il est arrivé à Orchamps et qu'il compte y
passer la nuit.

Le lendemain, 28, la 3ᵉ division, réunie, continue
sa retraite, par Morteau, Pontarlier et Mouthe.

Le 30, la 1ʳᵉ Légion arrive à Mouthe à neuf heures
du matin, apprend qu'il y a un armistice général et
reçoit l'ordre d'aller coucher à Sarrageois.

Le lendemain, 31, de bon matin, le colonel est informé que l'armistice ne s'étend pas à l'armée de l'Est.
Il se rend chez le général de Comagny, le nouveau
commandant en chef du 24ᵉ corps, qui lui confirme
la nouvelle et lui donne l'ordre, pour la 1ʳᵉ Légion,
d'aller occuper au plus vite et défendre les défilés de
Vaux et de Sainte-Marie, en avant du lac de Saint-
Point.

En arrivant à Vaux, à onze heures, la Légion trouve
le village déjà occupé par les débris du 15ᵉ corps, environ trois mille hommes, sous les ordres du général
Martinez.

Vers deux heures de l'après-midi, l'ennemi se présente dans le défilé, devant Vaux. Les troupes du 15ᵉ corps abandonnent en désordre leurs positions et le village, mais sans entraîner avec elles le 3ᵉ bataillon de la 1ʳᵉ légion, qui s'y trouve également placé. Ce bataillon engage un petit combat avec l'ennemi et se replie lentement et en ordre sur le gros de la Légion, à Sainte-Marie. L'ennemi reste à Vaux sans poursuivre.

Dans cette escarmouche, le 3ᵉ bataillon a un capitaine grièvement blessé, un légionnaire tué et plusieurs blessés.

Les trois bataillons de la 1ʳᵉ Légion restent en position afin de défendre le défilé de Sainte-Marie. Pour gagner du temps et permettre de prendre les dernières dispositions, les avant-postes ont la consigne, si l'ennemi se présente, de l'informer qu'il a été signé un armistice, que le général entend l'observer fidèlement, mais qu'il est résolu à défendre ses positions à outrance si l'ennemi ne veut pas le reconnaître de son côté.

Malgré le départ des troupes du 15ᵉ corps qui défilent devant elle, la 1ʳᵉ Légion, un peu reposée de ses fatigues, est magnifique de résolution en cette circonstance et ne respire que le combat. A sa droite se trouve établie la 2ᵉ Légion, et en arrière, en réserve, le 89ᵉ provisoire, le 4ᵉ bataillon de mobiles de la Loire, ainsi que toute l'artillerie.

Le 15ᵉ corps, lui, avait continué sa retraite jusqu'aux Hôpitaux.

A la tombée de la nuit, l'ennemi s'avance sur plusieurs colonnes, mais le général de Comagny, informé de son approche, donne l'ordre de se replier sur les Hôpitaux-Vieux, sans combattre, avec la promesse de l'ennemi qu'il n'entrera dans Sainte-Marie qu'une heure après notre départ. Un capitaine de l'état-major du général de Busserolle avait été envoyé en parlementaire.

A huit heures du soir, toute la 3ᵉ division se retire à son tour, sans être inquiétée, et arrive aux Hôpitaux-Vieux dans la nuit. La 1ʳᵉ Légion en repart à dix heures, le lendemain, pour se rendre aux Échampés, petit hameau sur l'extrême frontière de la Suisse.

Dans la nuit du 1ᵉʳ au 2 février, le général de Busserolle informe le colonel que la 1ʳᵉ Légion est libre de se retirer en Suisse, comme tout le reste de l'armée, dont une bonne moitié avait déjà passé la frontière.

INTERNEMENT EN SUISSE

Le colonel ne peut se décider à abandonner le sol   2 Février.
de la patrie, et la Légion entière éprouve le même
sentiment. Sur les assurances formelles d'un contre-
bandier, qui promet de le guider à travers les sentiers
de la montagne, il conserve toute la journée l'espoir
de lui faire gagner Lyon, en longeant la frontière
sans la traverser. Mais le soir, au moment de se
mettre en route, les guides déclarent qu'on ne pourra
passer qu'en empiétant quelquefois sur le territoire
neutre de la Suisse. La 1re Légion du Rhône, n'ayant
plus de vivres, se voit donc, elle aussi, condamnée à
demander l'hospitalité à ce généreux pays.

Elle traverse la frontière à huit heures du soir, les
cœurs sombres, les âmes abattues, mais conservant
le plus grand ordre, chaque officier à sa place de bataille ; on la dirige d'abord sur Valorbe, puis sur
Payerne.

C'était le premier régiment de cette malheureuse
armée en débandade, qui arrivait ainsi tout organisé.

Les habitants en sont presque surpris, observent avec plaisir que les officiers sont restés avec leur troupe, et partout, dès le passage de la frontière, la Légion reçoit l'accueil le plus sympathique, le plus cordial.

Arrivée à Payerne, petite ville du canton de Vaud, la municipalité et les habitants, frappés de son maintien, de son attitude digne, de son esprit d'ordre et de discipline, adressent une demande au gouvernement fédéral, pour obtenir comme une faveur l'autorisation de conserver la 1re Légion du Rhône au nombre des troupes françaises assignées à ce quartier d'internement.

Fière à juste titre, et reconnaissante de ce témoignage de sympathie et d'estime, la 1re Légion s'en est montrée de plus en plus digne pendant tout son séjour à Payerne, et, à son départ, elle n'a laissé derrière elle que de bons souvenirs et d'unanimes regrets.

LICENCIEMENT

Entrée en Suisse le 2 février au soir, la 1re Légion a été rapatriée le 10 mars et licenciée le 12, à Chambéry, aussitôt après sa rentrée en France.

Pendant son séjour en Suisse, la 1re Légion a perdu quarante-trois hommes, morts par suite de fatigue et d'épuisement. La plupart, souffrants depuis long-temps, n'avaient pas voulu entrer aux ambulances, pour rester au corps, et partager le sort de leurs ca-marades jusqu'au bout.

Quoique licenciée, l'attitude de la 1re Légion du Rhône, pendant les troubles de Lyon, a certainement contribué, dans une certaine mesure. à faire avorter

tous les mouvements insurrectionnels. Nombre d'officiers et de légionnaires venaient chaque fois se mettre
à la disposition de leur ancien colonel, et, le 24 mars,
au matin, presque toute la Légion s'était réunie pour
redemander des armes et marcher avec lui sur l'Hô-
tel-de-Ville, pour délivrer le préfet, retenu prisonnier
par les insurgés de la Commune.

Voilà en résumé l'histoire et les services de la
1ʳᵉ Légion du Rhône pendant sa trop courte existence.

On a le droit d'être fier de l'avoir commandée et
on peut affirmer que peu de régiments ont fait davantage et ont mieux mérité de la patrie.

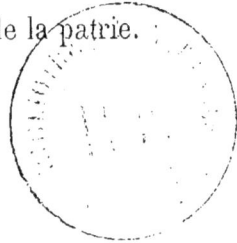

FIN

TABLE DES MATIÈRES

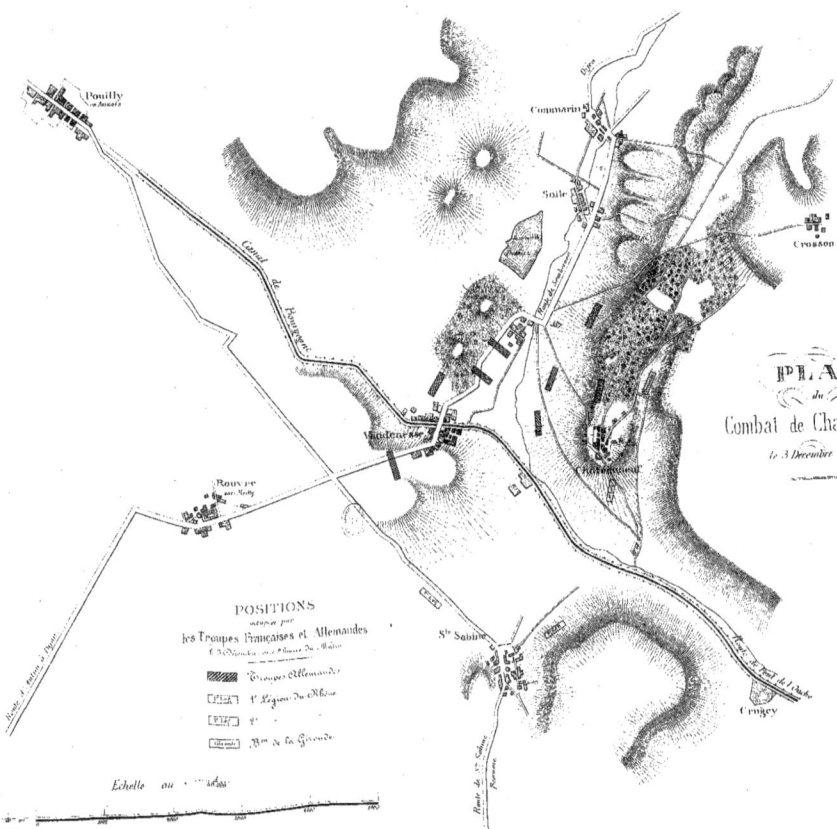

PLAN
du
Combat de Chateauneuf
le 3 Décembre 1870

POSITIONS
occupées par
les Troupes Françaises et Allemandes

Echelle ou

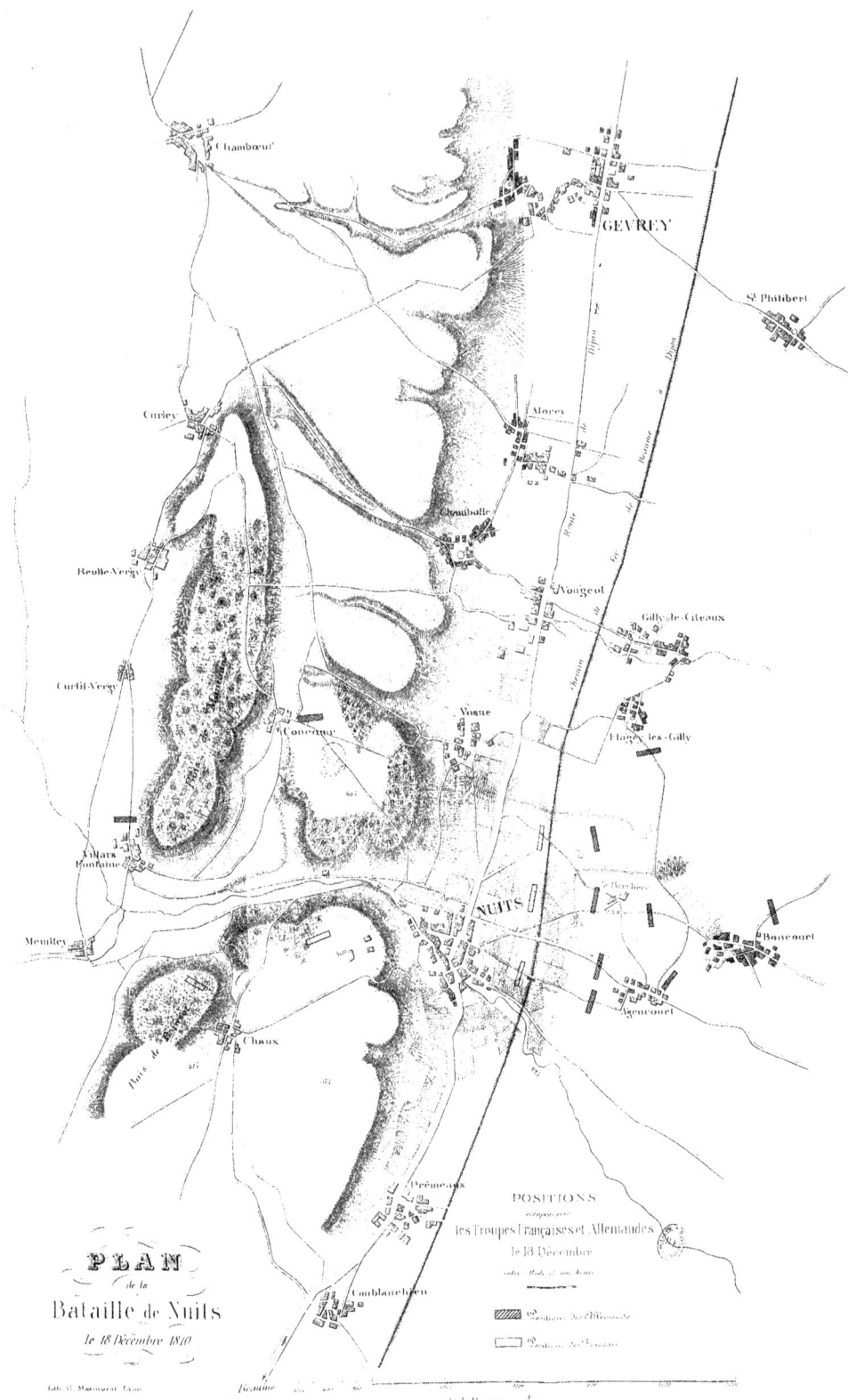

Chambœuf

GEVREY

St Philibert

Curley

Morey

Chambolle

Reulle-Vergy

Nougeot

Gilly-le-Citeaux

Curtil-Vergy

Vosne

Flagey-les-Gilly

Concœur

Villars
Fontaine

NUITS

Boncourt

Meuilley

Agencourt

Chaux

Prémeaux

POSITIONS

occupées par

les Troupes Françaises et Allemandes

le 18 Décembre

entre midi et une heure

Comblanchien

Positions des Allemands

Positions des Français

PLAN
de la
Bataille de Nuits
le 18 Décembre 1870

Lith. C. Marmorat, Lyon

Beaune

Echelle au 40000e

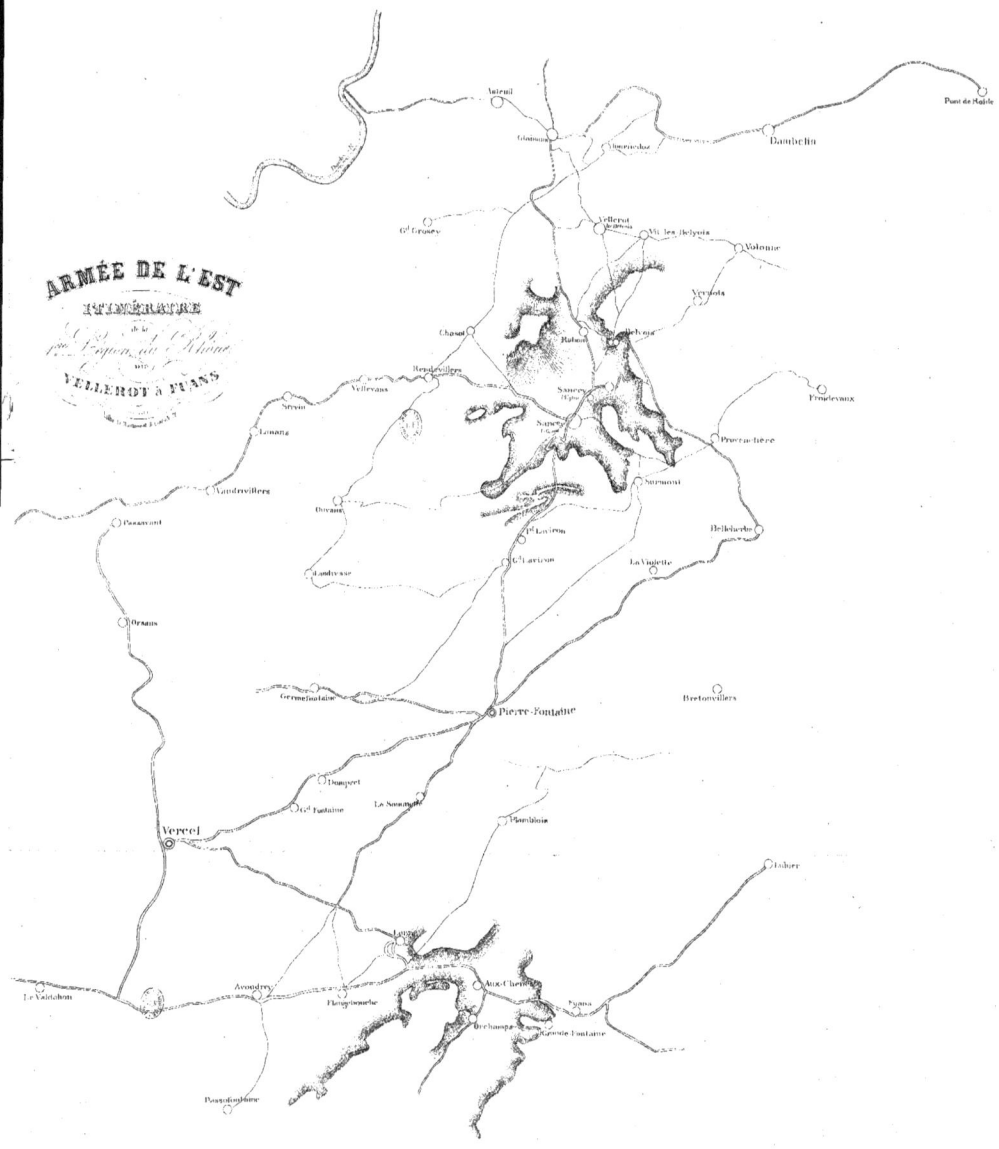

ARMÉE DE L'EST

ITINÉRAIRE

de la

7ème Légion du Rhône

VELLEROT à FUANS

Échelle au 1/80 000

www.ingramcontent.com/pod-product-compliance
Lightning Source LLC
Chambersburg PA
CBHW070913280326
41934CB00008B/1697